Amor e fúria

Slammers que escrevem

Amor e fúria

Slammers que escrevem

Organização Mariana Felix

wmf martinsfontes

Sumário

Apresentação

Esta antologia é sobre às necessidades básicas: amor e fúria. Somos poetas e militantes da palavra, de peitos e punhos firmes e ao mesmo tempo solidários. Somos a literatura viva, de rua, de luta, de afetos. Quero agradecer imensamente à Editora Martins Fontes pelo espaço de conquista, pelas prateleiras ocupadas pela poesia marginal, periférica e independente. Agradecer a cada poeta que com carinho e dedicação entrega seu poema para que juntes possamos ser livro. Agradecer pelo apoio em tempos políticos de uma trajetória minha que se iniciou no aprendizado do exemplo quando, junto ao PSOL (Partido Socialismo e Liberdade), aprendi sobre generosidade e empatia. Aprendi sobre a solidariedade ativa. Todes poetas que integram esta antologia se posicionam, colocam suas vozes, trajetórias e corpos na contribuição do pensar, planejar e construir um novo mundo, um mundo mais gentil, mais plural, mais democrático, mais humano. Que mesmo em meio às precariedades e dificuldades amam, porque têm a consciência de que amar é resistência. Lutar por nossos afetos, por nosso direito à prosa, à bossa, à poesia, à moradia, à saúde e ao transporte, nosso sagrado direito de andarmos de mãos dadas com nossos amores, independentemente de gêneros, artigos, cores, grades, preconceitos e discriminações. Amaremos!! Amaremos muito!!! Lutaremos!! Lutaremos muito!!! Seremos poesia até o fim!!! Este livro pode ser morada pro seu coração, que eu também sei que carrega sonhos, dores, amores. Este livro pode ser sua companhia, sua armadura ou sua carícia, pode ser a sua cartilha. Para que você lembre que a poesia é coisa urgente! Somos poetas de rua, que há mais de 12 anos contribuem para a cena de Slam na cidade de São Paulo, fazendo parceria e trocas verdadeiras com as demais cidades e estados. As batalhas de poesia (Slam) que ocorrem no Brasil todo também estão representadas por 13 poetas que integram esta antologia, com vozes mineiras, baianas, cariocas, paulistas. Caberiam mais poetas e cidades! Que este seja o primeiro de muitos livros que dê espaço a toda essa gente poesia que tem o peito cheio de ideias e revolução, cada qual com seu sotaque, dialetos e tom.

Somos livro, mas com nosso amor e nossa fúria somos principalmente livres. Desejo que você tenha a sorte de, após esta leitura, também ser.

Mariana Felix

Brenalta
@brenaltamc
É ariano com
ascendente em Leão

Você me atravessa

Você me atravessa.
Tipo a travessia que o Milton canta.
Me dê a mão no percurso.
Seguimos juntos o curso do rio rumo aos encontros das águas dos afetos, afagos e algumas lágrimas que derrubamos na trilha sonora da vida.

Eu te atravesso.
Toda vez que te escrevo uma carta com letra de fôrma e sem perceber mudo os traços pra letra de mão criando uma bagunça danada que eu te entrego pra ler.
Por falar em bagunça, essa palavra me remete àquele verso da Liniker e eu tô esperando o momento certo pra chegar perto do teu ouvido e dizer "Deixa eu bagunçar você?"

Sua voz me atravessa.
Tipo uma criança pequena segurando nos braços de uma criança mais velha ao atravessar a rua.
Do outro lado da calçada do infinito quero me encontrar com a nossa nova versão, olhar pro passado e reafirmar o quanto valeu a pena ter tido a oportunidade de partilhar com você.
Que a gente nunca perca as crianças que habitam em nós.
O mundo é uma criança com o seu olhar.

Você me atravessa.
Sempre que resolve falar sobre os nomes das ruas e pássaros
que te cercam. Quero te ver voando, e te querer por perto
não tem nada a ver com gaiolas.
É preciso coragem pra voar nos céus dos nossos sonhos.
Jamais permita que tentem cortar suas asas, e se quiser
companhia no pouso, saiba que meu peito esquerdo
é ninho.

Você me atravessa.
Sempre que declama suas poesias.
Um tanto tímida e muito consciente ao formular cada frase,
cada pausa e entonação. Como quem dança com as palavras
bailando sobre os efeitos que elas causam dentro dos passos
da nossa alma.

Eu te atravesso.
Com mais uma carta,
não necessariamente de amor,
talvez seja.
O tempo passou.
Mudamos a rota.
Remamos em outros mares.
Mergulhamos em outros amores.

Os ventos nos sopraram pro colo um do outro.
De novo.
A tempestade passou.

O arco-íris apareceu.
A maré desceu.
O sol nos deu oi.

Talvez seja um recado do destino querendo nos contar da importância desse encontro. Ou apenas coincidências tipo "Coisas dessa vida" daquele refrão bonito que eu não te cantei.

A única certeza que tenho é que você me atravessa.
Sua presença é imensidão, expansão e revolução em cada detalhe. Obrigado por dividir o barco comigo na travessia dos nossos corações. Você me atravessa.
— Beijos

Anoitecer

Eu tive que aprender a ser excelente desde o dia que nasci.
Do alto da barca do seu privilégio existe uma linha tênue
entre meu esforço máximo e a sua mediocridade.
Isso é o que diferencia quem tem calos nas mãos desde
de a infância roubada até quem desde o ventre já tem
faculdade paga
e no vestibular da vida compra atalhos pra subir.

Hoje acordei mais cedo pra escrever.
Tentar me recompor.
Lavar o rosto nas águas sagradas da pia
e quem sabe assim sangrar menos na segunda-feira.

Vamos juntar os nossos cacos espalhados pelo chão.
Montar munição contra quem quer nos ver cair.

Eu virei referência no que faço e é nos palcos que faço
história.
Nada vale os títulos, troféus e o tal hype
se seu conteúdo lírico na rua que mora, não dialoga.

Os livros estão aí e não me deixam mentir.
Somos filhos e filhas dos teus solos sangrentos,

das pontas das navalhas na carne que os punhos dos patrões
empurram nas entranhas de quem limpa isso aqui!

Eu tô pela classe operária!
Pela zona rural!
Pelos corpos violados!
Pelas queimadas no matagal!

É pelo pão, pelo leite!
Por cada ancestral!
Pela arte na praça!
Denúncia contra quem dispara só no nosso endereço
e no jornal afirma ter sido acidental.

Já parou pra contar quantos sonhos morrem?
E fazem de travesseiros a frieza das calçadas.
Combina com a frieza no olhar dos assassinos a sangre-frio
que, com a ponta de Bic preta,
assina na pele preta
um plano de extermínio.

Eu tô farto desse roteiro.
Nosso partido é PP: PRETOS PROTAGONISTAS!
Vim reverter estatísticas e mudei a cena primeiro,
senta e assista.

Autoestima é construção e o que incomoda mesmo
não é o nosso nariz em pé e sim a cabeça erguida.

Porque meu estereótipo confiante é visto como arrogante?
O nosso posicionamento é visto como agressivo
e quem fala da solidão?
Ser poeta marginal é versar pra multidão
e às vezes voltar pra casa sem o dinheiro da condução.
É ser ídolo na quebrada e a barriga sem refeição,
mas também é nos dias difíceis, tirar o pé do acelerador,
olhar pro seu começo e entender que quando o sol se pôr
é sinal que todo anoitecer é novo recomeço,
pra que daqui a 30 anos tu sinta a mesma emoção.

Carol Dall Farra
@dallfarra
É leonina com ascendente
em Peixes

Os astros

eu me guardo inteira
nosso amor carrega esse protesto
da integridade
existe um lugar onde caibam nossos pedaços
é verdade que sim

já dancei desmontada ao seu lado
sem conseguir saber como andava
todo meu planeta

já desaguei minha chuva em partes
do meu território que pediam pelo sol
já fiz o mesmo em sua nação
já arrisquei toda safra plantando sementes duvidosas
e vi nossa fome no final

porque a linha da minha existência
que está em meu nome
que não pode ser delegada
que pede somente meus olhos e minha boca
(a boca da fala e a boca do estômago)
essa linha que me separa do mundo e me alcança o divino
queria apenas dizer que não posso ser esse amor bonito
e saudável.
sem antes descobrir como não ser um risco ao que está pronto

semana passada escrevi um poema com seu nome que dizia:

"por que é que tem um pouco de você em tudo?
não serei ingrata em dizer que não sabia
que você habitava o deserto da existência...
você pariu o universo uma vez, deitada em meu ombro"
nada que nós concordamos em fazer juntas
pode ser feito pela metade

esse espaço é isso

posso sentir o vazio preenchendo a gente de uma forma
necessária

estou me tornando inteira pra você de novo
não consigo me guardar de outro jeito
não para um grande amor

vou te esperar suspensa pelos astros
no início de algum buraco negro
enquanto Deus circunda o universo
daquele mesmo jeito que previmos
Deus na varanda de casa.

Espiral

pensamento multiraciocínio
a reta encaixa minha evasão
repara a cor da caça
pensa porque tá no chão

eu vi a corrida dos meninos
e era em volta da prisão
vi o projeto genocida
esfaquear a reparação

sei de cor desculpa
pra esconder a culpa
de quem luta com fortuna
"status quo" da podridão

como é que eu posso acreditar
criaram o mundo
se dentro da minha lógica
eu não creio em invenção

cada vez mais difícil
o ocidente tem seus vícios
eu me curo e sacrifico
mas só se for pelos meus

volto ao ponto de largada
feito sangue sem estanque
armo o punho e a revanche
que hoje não tô pra desmonte

e quem me dera ter conversa
como alívio de estresse
só falo se tenho pressa
grito a palavra terra e cruzo a rua inteira

equilíbrio portátil
portas furo no automático
sou pra ser mas com destaque
sei philos mais que descartes

meu som corta algumas vibes
de bailar só com os passos
incluo cabeças

e gira mundo ao contrário
que hoje vou rebobinar

redemoinho vem de cima
pra me aproximar
a natureza tem seus guias
e checa que eu tô lá

depois do fim
depois das contas
sobra eu pra te ensinar
que se matéria morta fala
vocês vão ter que me escutar

morri quando tinha doze anos
hoje ainda tentam me matar
renascimento é movimento
cultural faz parte

não se "re-nada"
quando a água afogou seus ancestrais

não canto pra falar
falo pra fazer silêncio
é quando vaza que essa água
desafoga aqui dentro

se tá difícil de entender
é meu negreiro em andamento
e chamam coração
mas chamam quando o banzo fica quieto

diaspórico
palavra branca pra justificar
se eu pudesse desde sempre
eu cantava em yorubá

perdoa o fardo, mãe
perdoa a presa que sou eu
que eu só perdoo o privilégio
se hoje mesmo ele morrer

não é questão de cansaço
eu disse agora mesmo que tô morta
é questão do defunto
ainda carregar o mundo nas costas
ainda assim massa encefálica
e eles massa de manobra

ainda assim no seu quadrado grita:
– QUEM INVENTOU A RODA!

canavial, cana, navio, viu?
canavial, cana, navio, vil
canavial, cana, navio, viu?

via

eu tô na fuga pro quilombo
pode me apagar daqui.

Cleyton Mendes
@poetacleyton
É geminiano com ascendente
em Peixes

Amor e rebeldia

Mais rebelde que uma pedra estilhaçando vidraças
É quando a gente dá as mãos, é quando a gente se abraça.
Parça, deu pra entender?
Que não existe revolução maior do que olhar nos olhos
de alguém
E dizer EU AMO VOCÊ!
E no amor não existe maneira certa ou errada, errada ou certa
Tanto faz ela amar ele
Ele amar ele
Ela amar elas...
Gênero não interessa!
Sai dessa, desapega
Afinal de contas o amor é isso: romper regras
Desatar nós
É estar no meio da multidão e finalmente não se sentir
mais só
Amar é alimentar um vândalo dentro de si
É saber que o sistema só dá motivo pra gente chorar
E ainda assim conseguir sorrir
Amar é pular a catraca da razão
É fazer abraço de ocupação
É pichar a palavra SAUDADE
com tinta cor de sangue nas paredes do peito
Amar não é simplesmente encontrar a sua metade

Amar é fazer alguém se sentir mais inteiro
E eu admito, sou um apaixonado no campo de batalha
Minha munição é cafuné e beijos
Meu delito é roubar suspiros
Quero ver quem me para!!
Seu padrão, pressão, opressão
Não mais me intimida
Pois descobri que plantar e colher sorrisos
É antídoto pra viver nessa sociedade suicida
Que fertiliza a dor, normaliza sofrimentos
Patrocina rancor e decepa sentimentos
Aplaude o opressor, idolatra torturador
Passa pano pra estuprador, mata gente por causa da cor
Vocês querem mesmo que eu viva sem falar de amor?
E não pense que falar de amor é recuar, fugir da realidade
Pelo contrário, quem tá acostumado a transbordar
Não aceita mais nada pela metade
Meu peito está aberto
Mas o corpo continua fechado
E o meu maior manifesto
É gritar pra todo mundo que...
O AMOR PRETO DIARIAMENTE TEM ME SALVADO!!!
Num universo onde ódio impregnado nos poros é rotina
Reciprocidade e empatia é raridade
Amar além de rebeldia
É um legítimo ato de coragem

Os preto é chave

Abram os portões ou nós vamos arrombar
Com nosso suor constroem mansões
E querem nos empurrar a senzala
Ah... não aceitaremos migalhas, farelos
Só vou descansar quando os pretos tudo ocupar os castelos
O céu é o limite pra nós
E isso não é metáfora
Vamos batendo de frente com algoz
E ressaltar nossa diáspora
Não queremos açoite
Queremos ascensão
Reis e rainhas com a cor da noite
Zica, tipo Itamar Assumpção
Então chega de sinhô, chega de sinhá
Agô é só pro tambor
Abaixar a cabeça é só pra minha mãe
E pro meu orixá
Coisas de Cleyton vim recitar/ressaltar nesse momento
Inspiração Sueli Carneiro e Abdias do Nascimento
Nosso conhecimento, nosso intelecto
Faz da casa-grande, a casa assombrada
Vocês nos queriam analfabetos
Mas estamos levando vários diplomas pra nossa quebrada
E só lembrando que sabedoria não se resume

às suas eurocêntricas academias
Aprendi muito mais sobre minha história
escutando os tiozinho e as tinhazinha na vila
Aprendi sociologia colando nos saraus da periferia
Cooperifa, Guilhermina, Suburbano, Map, Sarau do Binho
Foi pisando nesses lugares que descobri
que eu não estou sozinho
E sigo com constelações no olhar e asas no peito
Viemos ressignificar a frase "Tinha que ser preto"
Pois os nossos corpos ainda são alvos
De estereótipos, mazelas, rejeição
Se um negro chega no topo,
automaticamente o chamam de pardo
Quer exemplo maior de discriminação?
Racismo estrutural é o que desestrutura a nação
O genocídio não é imparcial
E é por isso que eu questiono a tal abolição
Irmão, o Estado é seletivo
Quanto mais retinto, maior seu estereótipo de bandido
E quando não nos matam
Deixam a gente morrer
500 anos e é sempre a mesma casta
Que está no poder
É a elite do atraso, Jessé Souza já dizia
E é pra quebrar esse ciclo escravocrata que eu faço poesia
Os pretinho e as pretinha quero empoderar
Pois estrela não é só quem brilha
Estrela é também quem ilumina o caminhá

Aperto forte meu patuá, a Olorum peço proteção
Só rezo pra polícia não me enquadrar
Se eu estiver com guarda-chuva na mão
Se o meu sangue for troféu
Que seja pro meu povo
Que seja pra minha gente
Arrebentamos os grilhões
é só no pescoço as correntes
Seguimos em frente, mesmo às vezes sem esperança
Eu tô ligado que nosso sorriso é a maior forma de vingança
De África carrego herança
por isso serei resistência resiliência
Serei poesia até o último dia que eu viver
sem erguer bandeira branca
E eu só vou descansar quando toda quebrada sacar
que pode ser Wakanda

Emerson Alcalde
@emersonalcalde
É ariano com ascendente
em Touro

A frô

Seja como for
Seja como flor
Em seca que for cultive o amor
Que ele ou ela virá
Beijará Afrodite dirá
Se precisar afrô afrontará
Mas quem vier pra sentir
sem tirar sentirá
Se te plantaram tu és planta
Então seja como flor
Tua semente foi plantada em terra preta
por mãos sofridas
E não no algodão artificial do cientista

Eu falo em nome das rosas despedaçadas
pelos cravos cravinhos cravocratas
Ossain olha a mim não esqueça
Seja como for cresça
Seja como flor floresça
Não é pra ser florido é pra ser floral
Igual uma cereja no imenso cerejal

Simbolize a paz, a morte em maços de florais
Mas principalmente os desejos sexuais

Você tem preço só pro vendedor de flor
Pros amantes tu tens valor

Seja como for negô
Seja como for negá
Mas não vai negar
A sua raiz
Ela cresce pra baixo pra você poder subir

No verão se feche pra se nutrir
Depois se abrir e ajudar as outras a florir
Você nasceu na rua, foi pisada e taxada de feia
Cresceu fora da mata
foi usada e largada após a serenata

Entendeu agora por que não dá pra ser florzinha
Que ao ver o guardinha gela?
Tem que ser forte que nem a planta favela
Reagir, resistir
Proteger a sua Floribela
na primavera a reprodução

E quando mudar a estação
Não fique parado na anterior
Seja como flor
Floração
O mundo não para girassol
Cai a chuva e vem o sol

Não se preocupe se isso vier a desbotar a sua cor
Porque a sua essência é vermelha
E será sempre A FRÖ.

Depois de Messias

dois ex-alunes entram numa escola estadual
para propagar o terrorismo
com livros que haviam sidos proibidos.
logo na entrada eles rendem o inspetor de farda
que tentou intimidá-los com o distintivo
mas eles o derrubam com versos de improviso

o slammer vai pra sala dos meninos
e a slammer, pra sala das meninas
ele recita poemas sobre a luta de classes e antifascismo
debate sobre sexualidade e machismo
ela versa acerca do empoderamento feminino e igualdade
discute protagonismo e sororidade

as duas turmas se reúnem no pátio
e passam a discutir
destroem as grades e câmeras
que servem pra vigiar e punir
os alunos formam filas mesmo sem ninguém pedir
os poetas propõem que mudem
pra uma disposição circular
pois assim, sem hierarquias,
todos podem se ver e se escutar

no meio da roda eles abrem as mochilas
sacam seus artefatos: folhas de sulfite
com poesias e prosas, fazem zines e grafite
o inspetor, que estava imobilizado, se indigna
e lembra-os de que o Estado é teocrático
e que qualquer ação que faça menção
a qualquer religião de matriz africana
é inconstitucional

eles se preparam pra iniciar o sarau
um aluno se aproxima e toca no poeta e acha esquisito
pois não sabia que ainda existiam escritores vivos

a escola havia feito uma campanha de deslivramento
todos que tivessem exemplares em casa, por medo,
deveriam se dirigir a um ponto do senso comum
e trocar por uma arma de brinquedo
e os livros foram queimados à temperatura de 451
acabaram com as bolsas e as cotas
prevalecia a meritocracia
e a maioria morria pálida e analfabeta
aceitando a sua própria derrota

a sala de leitura
se transformou em sala de tortura
as prateleiras dispunham somente de apostilas técnicas
e o pouco de história que havia exaltava a ditadura

pro atentado ser prático,
abrem a roda cultural como faziam antigamente
em plena rua no período democrático
o microfone está aberto pra quem quiser recitar
eles querem ver, cheirar as capas coloridas e duras, folhear!
colocam no papel as suas dores e angústias
aderem ao slam e às batalhas
vão mudando totalmente o clima
e o que se pode ver é o jorrar de sangue
provocado pelas rimas

tudo está sendo filmado e transmitido
a repórter diz que na internet eles posavam com livros
e postavam artigos
fazia sinal de conhecimentozinho
e de pensamento crítico
e classificou a ação de esquerdista, anarquista, sandinista,
chavista

os policiais invadem o colégio
e eles se rendem por não ter mais opções
os professores se mantêm estáticos
pois não podem mais expressar suas opiniões

os portões se abrem, se forma um corredor
as pessoas de bem carregam tochas
e cantam o hino nacional com a bandeira dos EUA
aos gritos pedindo pra que sejam queimados vivos

os poetas continuarão isolados em celas frias
para que ninguém mais ouse dizer uma poesia

o decreto pra facilitar a posse do livro
é vetado no congresso
com o argumento de que a literatura perturba
a ordem e o progresso

só que a semente já havia sido plantada
e os adolescentes desobedientes afirmam nas redes
que suas vozes nunca mais serão caladas.

Jordan
@jordanm.it
É sagitariano

Um peixe

E o pior é que você também gosta daquela música
que toca no filme de Almodóvar
E o Porto da Barra à noite fica alucinado por você
Quem me dera ser Orpheu
Quem me dera ser de Oxalufã
Quem me dera ser um peixe
Mas eu também queria ser uma onda da praia de Guarajuba
e lamber todos os seus buracos de forma suave
Sob o céu de Santo Amaro
Acolhido por suas coxas
(Uma banda de lambada dos anos 90)
O meu sono é bom como a voz de Juçara
Teu beijo é o sorriso de Gal
Nossas mãos unidas destilam luz
Você é meu preferido dessa cidade
Meu ponto de referência – diria ela
Eu quero passar vergonha de tanto pagar pau pra você

Quem me dera ser Orpheu
Quem me dera ser de Oxalufã
Quem me dera ser um peixe
Nossos corpos podem deitar em todas as camas do mundo
Eu quero ver você dando pra geral
E também quero ver você alucinado

pelo meu jeito de resolver mudar de vez
Minha língua procura dia e noite pelo mineral
que brota do meio das suas pernas
Depois que você for mamar o rapaz do dois de julho,
peço que me conte como foi
Porque você fica duas mil vezes mais lindo
quando faz tudo o que tem vontade –
Feito um raio na janela mais larga de São Paulo
Eu quero te sentir feito um tapa, um gole, um tropeço
Quero ficar bêbado de doses do teu suor
Quero ficar cego de tanto te ver andando pela casa
Quero ficar louco de tanto falar com você
mesmo quando estou sozinho

Quem me dera ser Orpheu
Quem me dera ser de Oxalufã
Quem me dera ser um peixe
morrer na sua panela
entrar pela sua boca
E deslizar pelo teu cu.

Campeão

Cheio de medalha
Deve estar cheio de história pra contar
na mesona grande da casa-grande
Mas desde então: eu sou livre
Eu
Querengue Meia-lua Meia-légua
Upile Deocleciano
Tudo livre!
Tá pra dois ou três anos...
Suncê devia tá num salão das Europa
Gastando as moeda do nosso trabalho
Suado
No açúcar, no café
Perdendo os braço
Ferindo os pé
Tão contando por aí que foi
Zabé Princesa Zabé
Nós falseia a crença
Nós até diz: Gratidão pela Clemência
Mas na roda de angola do Mestre Verequete
todo mundo canta quadra
daqui cem anos
meus neto vai decifrar a charada!
Eu sei o que suncê quer umas hora dessas

no meu assentamento
Já que ninguém te conta
Eu aviso
Tem navalha amolada na coceira do meu umbigo
E não tem mais essa de eu entrar em suncê
por trás suncê de coca e eu de pé
Hoje em dia
Nem que me dê duzentas alforria
eu não faço suncê feliz
Envenenado

só porque suncê quer!
Gostou não?
Gostou não?
Reclama com Princesa Zabé
E pra deixar suncê bilorando de vontade
Toda lua nova
eu e meus cumpadi
Subimo pra detrás da laje
E só voltamo
Quando um do outro desfrutamo
Mas branco feito tu
lá não pisa
porque depois do desfrute
nós olha a lua
e não falamo em enigma
Tem abraço e confortamento
Um sabe que o outro traz no peito lapiado

a risada de teu pai
que é barulho de sofrimento
Se suncê aparece por lá
nós mata suncê e come os pedaço
Vá se embora
que das minhas perna não sai mais teu desfrute
nem que outra vez
outra vez
até com a morte eu lute!
E se eu fosse suncê ficava cabreiro pouco não
mas de bocado
porque ainda mato suncê tudo
ainda mato suncê tudo na mandinga
ainda mato suncê tudo envenenado.

Laura Conceição
@lauraconceicao10
É ariana com ascendente
em Sagitário

Espelho

Você é mais bonita
Que o pôr do sol
Na praia do sal
Na ilha de Cabo Verde
Mais elegante
Que dois argentinos
Dançando tango
No Palácio do Catete

Mais bonita
Que o encontro
Do Rio Negro com Solimões
Mais bonita
Que a tristeza
Que embala solidões
Mais generosa
Que amigos
E seus imensos corações
Tipo a Bethânia
E todas as suas canções

Sei que as ondas te invejam
Ao te verem na areia
E todos querem ficar surdos

Com seus cantos de sereia
Você é mais bonita
Que a própria Monalisa
Mais bonita e passageira
Que a passageira brisa

Muito mais bonita
Que o gosto do biju
Alceu

Muito mais bonita
Que la Belle de Jour
Eu sinto pena dele por não te conhecer
Se conhecesse escreveria
"La belle você"
Mais bonita
Que odiar amar
A própria vaidade
É a mulher mais bonita
De toda e qualquer cidade
Você é mais bonita
Que a moça da publicidade
E eu que odeio matemática
Seria doutora em matemática
Só pra reduzir sua dor pela metade

Quem descobriu o amor
Onde é que se escondeu?

Eu quero questionar
Pois quem o descobriu fui eu
Quem tá de costas
Inveja
Quem tá de frente pra você
Tão bonita que meus olhos
Lacrimejam ao te ver

Mais bonita
Que a planta mais bonita
Do quintal da minha vó
Mais brilhante
Que um móvel
Depois que tira o pó

Mais bonita
Que todo e qualquer quadro
De Van Gogh
Alucinante como um hippie
Dirigindo uma van grogue

Você é mais bonita
Que a própria beleza
Então vou ter quc inventar
Outra palavra
A mais bonita calma
Ou também com raiva

Já eu sou mais trouxa
Que uma trouxa de roupa
Que você descartou
E a mais competitiva
Se o prêmio for o seu amor

Sou mais ansiosa
Do que a própria ansiedade
Presa num engarrafamento
No centro em fim de tarde

E você é
Mais bonita até
Que esse poema
E qualquer poema que eu possa recitar
Mesmo roubando esse aqui um pouco do Alan
Que também roubou um pouco do Ferreira Gullar
É que você é muito mais bonita
Que a moça bonita que os inspirou a versar

Mais bonita
Que os astros
E as estrelas
E que todas aquelas frutas
Domingo de manhã na feira
Mais bonita
Que a música exagerado
Do Cazuza que é exageradamente

Bonita e tudo aquilo que ele cantou
Mais misteriosa
Que o eu lírico
Apaixonado e escondido em codinome beija-flor

Mais interessante
que os mistérios lendários
Muito mais bonita
Que Sônia Braga em "Aquarius"
E olha que isso é bem difícil
Mais bonita
Que a visão no fundo do precipício
Mais bonita
Que a banda mais bonita da cidade
E que a moça bonita da praia de Boa Viagem

Mais bonita
Que o fim da guerra
Mais distraída que qualquer queda
Mais bonita que "Canção do exílio"
Seguida de "Cio da terra"

Mais bonita
Que aqueles pontinhos
De poeira que sobressaem ao sol
E que uma pipa voando alto em liberdade
Sem cerol

Você é mais bonita
Que a moça que inspirou
A poesia mais bonita
Que nem é essa
Que eu nem conheço
Mas sei que você é mais bonita

Por fim
Quase
Quase mais bonita
Que meu amor por você
E só vai ficar mais bonita
Quando se olhar
E perceber.

Espelho.

Desespero do artista independente

É o desespero
Do artista independente
Que independentemente
Sempre vive dependente
Aí depende
Qual que é a prioridade?
Encher barriga comprar briga
Ou fazer arte pela arte?
Viver mudo mudar o mundo
Ver o todo em cada parte?

É o desespero
Do artista independente
Que independentemente
Sempre vive dependente
Aí depende
"Toca de graça lá na praça
e alimentação do shopping?"
Uma desgraça os cara acha
Que nossa profissão é hobby
Hoje em dia tudo é job
Eles tentam matar a arte
Mas nossa arte nunca morre
Paga o job

E a mente explode
Num tem um que não me explore
Num tem um que não seja esnobe
Independe que depende da exploração do corre

É o desespero
Do artista independente
Que independentemente
Se sente dependente
Explorado e decadente
Aí depende
Deixa eu comparar
A loja não vende nada se você não comprar
O dentista não arranca o dente se você não pagar
O advogado não te defende se você não contratar
Mas o artista vem de graça, deixa ele vai tocar
Pelo rango pega o trampo senão outro vai pegar
Eu não vou viver mais disso, eu tô em outro patamar
mano vai se ferrar
Nós temos contas a pagar

É o desespero
Do artista independente
Que independentemente
Sempre vive dependente
Aí depende
Do que você quer saber
Seu disco é foda

Mas precisa fazer uns bico pra viver?
Ficar sem tempo pra escrever
Sem o ócio pra criar
Pra evitar a depressão
Vou desligar o celular
Aí depende
Do que você quer ver
O show pronto ou o corre todo
Que faz sangrar e faz sofrer
O artista chora e a mãe não vê
Largar o sonho e o talento pra trampar CLT
O artista tem que comer
A fome abala o acorde
Desafina, desacredita treme a base
E dá o sacode
Haja fita crepe e as espada de São Jorge
Bate no peito pede respeito e fala é o corre
Eles admiram e nós se fode

É o desespero
Do artista independente
Que independentemente
Sempre vive dependente
Aí depende
De quem sugere o cachê
Se eu te pagar 1/3 será que dá pra fazer?
Será que fica legal?
Fotografa aí de graça e lança o audiovisual?

Pela oportunidade, pela visibilidade
Se fizer direito ganha um drink
Pra mostrar que é de verdade
É o mundo todo ou minha cidade?

É o desespero
Do artista independente
Que independentemente
Sempre vive dependente
Aí depende
De quem paga os boletos
Vale a pena viver da arte
se for pra viver com medo?
Aí depende
Pra quem você aponta o dedo?
Trampa até tarde pela arte
e levanta muito cedo
Quem que paga os boletos?
A arte não paga os boletos
Não dá mais pra cantar
Em troca de um copo de refresco

É o desespero
Do artista independente
Que independentemente
Sempre vive dependente
Aí depende
E não depende só da gente

Pra seguir sonho e propósito
Os cara vacila de propósito
Complicando o óbvio
Confundindo o lógico
Quem que canta procê dançar?
Quem que dança procê assistir?
Quem que trampa procê curtir?
Quem que pinta procê admirar?
Recita pra transformar?
Toca pra emocionar?
A arte faz sobreviver, transcender e superar
Quem que faz você sorrir?
Quem que faz você se divertir?
Algum artista independente
Que independentemente
Já pensou em desistir

É o desespero
Do artista independente
Que independentemente
Sempre vive dependente
Aí depende
Do artista independente
Que não tem plano de saúde
Mas vive sempre doente
Oprimido, desrespeitado
E visto como delinquente
É desespero

Do artista independente
Que independentemente
Precisa provar que é gente.

Mariana Felix
@soumarifelix
É libriana com ascendente
em Peixes

Skam

E de novo eu tô apaixonada
Deve ser porque sou de Libra
Ou porque a vida fica sempre divertida
Quando eu sou só minha
Aí me amo, faço planos
Mas me atraso porque tropeço na sua boca
Você tem dificuldade em tirar minha roupa
É botão, é zíper
Todo mundo dando palpite
Uma poeta me vendeu uma zine
Que dizia: mais amor menos palpite
Mas meu palpite é que seu melhor lugar do mundo
vai ser bem aqui comigo
Beijei seu corpo inteiro
Parei bem ali no umbigo
Te olhei no olho
Querendo o seu corpo todo
Pôr do sol é dormir no seu ombro
Haja água do mar pra apagar esse meu fogo
Nós e um cantinho
Olhaí, do nada tudo vira cantinho
Me esfregar em você
Tem sido meu único compromisso
Sem hora marcada

Quero te beijar na cama, na praça, na praia
Tô tão apaixonada
Que eu quero andar de mãos dadas
Mas há quem diga que é mentira
Que encontro amores como quem caminha por esquinas
Quarta vez que vou usar a palavra palpite
E agora na quinta vez, meu palpite é que me conhecer
Te fez estabelecer novos limites
Tenho certeza que você vai lembrar de mim
sempre que desacelerar
Porque uma rebolada, um sexo e uma caminhada
são melhores quando são devagar, malemolência!
Entra e sai, entra e sai
Entender a frequência
Com a qual você tem enlouquecido minha cabeça
Quero poetizar contigo de Paris a Fortaleza
Você me fez entender que a língua mais importante
é a que toca sua buceta
Já as outras línguas são só sobre letras
Te escreveria um livro inteiro de poemas
Sobre o beijo, o olhar, a cantada,
as páginas autografadas
Quero seu pensamento como casa
Assim você sempre pode ter asas e voar
E se sentir saudades
me traz uma breja quando voltar.

Revolución

Ser mulher não é sobre sangrar
É sobre se partir da condição sujeita
Onde tudo tem jeito certo de agir
Meu silêncio diz quem sou eu
Observo bem os olhares que me tocam
Dentro do elevador
Eles me invadem feito uma guerra
Mas esse corpo território é meu
Tire suas mãos de minhas pernas
Carrego comigo palavras flecha
A ancestralidade me cerca
Me protege em meio às quedas
Quantos estupros na cama?
Chorei mares e rios
Na mesma água que me banha
Que me salva
Cura a você mesma mulher
Não é sobre usar saias
Parte dessa lógica que não te pertence
Quem a escreveu quer te devorar com os próprios dentes
Te fatiar aos poucos enquanto nossos gritos de socorro
Permanecem ocos
Ainda vão dizer que são gritos loucos
Mulher, me ouça, não fique nem mais um pouco

Parta dessa casa que se diz morada,
mas que te grita o quanto você é ingrata
Eles não nos conhecem
Insistem em ver pecado até nas nossas preces
Ninguém nunca mais me obriga a tirar a roupa
Senão feito Naia te arranco o pau com a boca

Não me teste ou morra
Que hoje eu vim anunciar
Nós vamos partir e ninguém vai nos contrariar
As que não entenderem nós vamos levar
Depois em roda de diálogo vamos explicar
Mas para homens não vamos nem desenhar
Vamos atear fogo na cidade de quem ficar
Vocês vão saber o que é sofrer por simplesmente querer estar
Quantos de vocês nos abusaram dentro do nosso próprio lar
Não vai ter chave que tranque
Não vai ter soco que impeça
Cada mulher que partir essa noite estará liberta
Resgataremos uma por uma
A poesia é cura
vive la liberté des femmes
long live women's freedom
viva la libertà delle donne
Nós vamos partir e eles não vão saber nem para onde
Venham com pelos, desejos e pensamentos livres
Querem nos matar
Mas dentro da gente a liberdade persiste

Permaneça viva!
É com esse mantra que você vai alimentar sua filha
Tragam seus meninos
Longe dos misóginos vamos construir um mundo lindo
É sobre partir mesmo querendo ficar
Não se sinta sozinha
Dentro de si mesma é o seu lugar
Não desiste!!
Porque la revolución es ser una mujer libre
Chore a dor do parto
O pai Brasil insiste em ter filhos bastardos nascidos do abuso
Indígenas estarão conosco
Aldeiaremos nosso futuro
Sem misoginia
Não serão nossas bucetas nem a ausência delas
Que vai determinar como viveremos nossas vidas
Decreto hoje:
Toda mulher partida
Será inteira nessa mesma vida.

Naiá Curumim
@naia_curumim
É canceriana
com ascendente
em Capricórnio

Sobre o amor romântico

O amor romântico promete
mas nunca me deu nada
Se fosse arcano no meu baralho
seria cavaleiro de copas
Proposta tentadora, mas duvidosa

E eu já fui pajem de espadas
no peito muito sentimento, mas a mente fraca
visão diminuta, deturpada

O amor romântico promete
Mas não faz presença
Finge fascinação, mas testa minha inteligência
Quando quer (me)ter tem urgência
Mas não sabe e nem quer saber do meu passado
não me dá futuro, nem se faz presente

É que pra isso tem que ser valente
quem que dá a cara a tapa?
bate no peito e ama uma trava de alma presente
sem medo da lente da mídia
do olhar sanguinário do vigia

e por mais que na cama seja quente
e nessas horas tudo é mais forte
mas n'outro dia senti o teu toque
comi a tua carne, foi refeição fria
Na calada da noite
Nas gritarias do dia
eu gritei por ajuda, a ajuda não vinha
eu gritei por ajuda, a ajuda não vinha
De outras mãos que não fossem as minhas

E ai de mim se não fossem minhas mãos
calejadas de desatar nó
o amor romântico ri da minha cara, me olha com dó
mas nem me enxerga, sou marinheira só

E a água que molha o rosto das travas
é tão salgada que amarga
tão salgada que azeda, me vira às avessas
Eu sinto gosto de fel
em qualquer doce que você me ofereça

A água que rasga meu ser é tão sagrada
que não dedico a ele ou a você
quem me olha com dó, nem me vê

O amor romântico promete,
Mas ai de mim se ficar esperando
O amor-próprio, esse me cobra tanto

que desse amor romântico...
namoral?
eu tenho pânico

A carne sem valor

Promoção:
80 Reais o copão de Ayahuasca
Enquanto Uruatay e Piratininga choram sede e podridão
do rio Umbiaçaba
E as filhas de Fulana Guaçu?
Primeira mulher indígena em Carapicuíba
a gestar uma geração bastarda

Nas histórias apagadas
Dizem que com um bandeirante ela foi casada
Mas desconfio que:
Fulana, Sicrana e Beltrana foram estupradas
Subjugadas e domesticadas por essa nova pátria

Ou cês nunca ouviram falar?
Das "índias pegas no laço"
Legião de meninas e mulheres roubadas de suas vidas
de sua liberdade
Gerações de famílias branqueadas
culturas assimiladas
Gestações pós-traumáticas

Só com muita terra demarcada
E mais 513 Sonias Deputadas

Guajajara, Munduruku, Apurinã
Poranguetê, Krenak, Kokama
Dentre tantos outros povos, não dá tempo de falar
A balança começa pesar, pensar em se equilibrar

É muita tatuagem de caboclo no braço
Mas no peito nem terreiro nem mestre juremeiro
não faz morada
E aí cês querem se curar
na ancestral Ayahuasca

Enquanto isso várias aldeias ainda nem foram vacinadas
8,6 milhões em verbas cortadas
e essa grana era pro combate ao desmatamento na Amazônia
Não era pra viagra, nem pra pinto de borracha

PL 191 quase que foi aprovada
Muito sangue caiu dos meus parente que resistiu
Muito sangue ainda cai

As filhas do rio Jutaí foram envenenadas
tô falando de crianças e mulheres
Embriagadas com etanol e estupradas

Acompanha a notícia
2020, aldeia munduruku é fortemente atacada
Liga as forças armadas e namoral?

Não arruma nada
os garimpeiros pegaram carona com a FAB até o DF

Mas vai lá
Passa Urucum na cara
Aproveita e pinta tua hipocrisia de quem se apropria

Pode chapar de rapé
Só não rela na minha fé
Não finge que é Pajé
Se não conhece a brisa dessa maré

E cês nunca vão conhecer a sagrada medicina
Tenho 7 flechas pro peito dos herdeiros de sesmaria
E até pago meu aluguel em dia
Mas essas terra é originária
É minha!

Pam Araujo
@apamaraujo
É taurina com ascendente
em Escorpião

acendi a luz e ajustei o espelho como quem escolhe uma roupa.
pelada me assistia
de quatro pra ele,
pouco via meus dedos.
me esfregava no colchão
o colchão se esfregava em mim
o espelho me olhava tão despretensioso
enquanto minha mão molhada me acariciava
respirava e queria mais de mim.
minha língua percorria meus lábios,
meus lábios eram percorridos por dedos.
olhava minha bunda e me via do melhor ângulo.
"eu adoro a música que esse momento tem"
o espelho se movimentava
minhas pernas tremiam
vejo em mim uma mulher que goza
e me comer é o melhor que tenho feito.

as bocas mulheres têm memórias,
mas por ora serei só palavra
risco de lâmina no asfalto demarca:
gênero.
hoje ocupo o que sou para afrontar a ausência do mundo,
meu regime político é lírico
e nele desenho um futuro.
vivas nos representamos melhor.
– é cla!!
não aceitaremos erros.
e nesse conjunto rebocado "misteriosamente" ao perdão
e servidão
um levante.
sussurro liberdade em meus poemas,
na luta somos todas singulares
em um bonde poético
e nessa escrevivência comemoramos:
cada slam,
cada voto,
cada casa,
cada conquista.
letra semente plantada floresce sonhos,
permita-se ao amanhã
desvende seus caminhos,

se cada gota em mim é mar
o estado de mergulho renuncio
pronta para onda de punhos erguidos.
e na beira da realidade pedra bruta:
– artelapidação.
no xodó da literatura escrita por mãos que já lavaram
lamentos
desejo: masturbação.
seja sua!
e quando disserem que não
crie estratégias
vá até sua ancestral memória e lembre delas
todas
nós
mulheres do fim do mundo
que não morrem
e escorrem em cada lágrima,
em cada suor
a vontade de somente
ser.

Tawane Theodoro
@pretata_
É escorpiana com
ascendente em Peixes

Doença grave

Estou meio confusa do que vai ser este texto
Não sei se vou poder chamar de poesia, desabafo ou loucura.

Mas eu preciso levar a público o que tá na minha cabeça,
porque eu tô extremamente preocupada,
Porque eu tenho certeza de que vou ficar doente... É sério!
Tudo bem que não fiz medicina
(mas assisti todas as temporadas de Grey's Anatomy
então sei do que eu tô falando)
Mas não está normal essa minha rotina
Estou com sintomas estranhos e não consigo entender
"Ah, acontece com todo mundo"
E como é que geral consegue viver?

Já fiquei doente outras vezes mas agora parece pior,
tá muito difícil
A minha saúde estava incrível
Quando de repente...

Um frio na barriga excessivo, do nada;
Pupilas dilatadas,
Arrepios frequentes;
Coração disparado e confusões na mente.
Gente...
Eu preciso ir pro médico, está tudo muito diferente.

Eu chego no rolê e as minhas amigas já me olham e falam:
"Vixi, tá com cara de doente"
E eu nem posso falar que não, porque sei que é verdade
Quem fica dando risada pro nada?
Nem sou de ir no médico, sempre fui daquelas pessoas
que falam que já vai passar
Mas eu não sei o que fazer, muito menos o que pensar
Eu sou escorpiana com ascendente em Peixes,
é muita coisa pra aguentar.
Buscando uma resolução, fiz o que qualquer pessoa sensata
(mas levemente desesperada)
faria quando não sabe responder algo...
Isso mesmo, joguei no google.
Pra que porra eu fiz isso?
Como que a gente confia em algo que pesquisa
"dor de cabeça"
E a resposta é que você pode estar com câncer?

Mas segui com a minha pesquisa, e lá ainda estava escrito,
Que essa é a fase leve da doença
Leve...
E que pode facilmente ser agravada levando a algo mais
estranho
Que é muito mais forte, com esses sintomas triplicados...

Rafa Ribeiro já falou sobre isso, no poema "Virose"
E acredito que seja exatamente o mesmo tipo de doença,
Ela causa muita agitação

Tinha que ter uma vacina para aceitação
Mas como não tem, a gente tem que aprender a lidar
Cada um que passa por isso, tem uma opinião diferente
O que deixa a gente cada vez mais doido.

E foi confirmada a doença em mim
A gente não tem como escolher quando bate forte assim
É ter responsabilidade e seguir em frente sim
Não há cardiologista no mundo que dê jeito no que eu tô
sentindo
Só vejo a minha postura de bandida má, diminuindo

Diagnosticada com paixão, com uma rápida evolução
E já sei que, seguindo assim, eu vou "pegar" amor.

Inspirado no poema "Virose" (que deu título a um livreto) do poeta Rafa Ribeiro.

Os sentidos aflorados pela sociedade

A nossa luta não é de hoje
E o hoje nem é desse século!
O tempo passa e eu só vou ficando menos didática
Errada ou um tipo de tática?

Didática eu sou com quem eu amo, e olha que ainda depende
Olha o tanto de tecnologia no universo
Mas eu ainda tenho que te explicar as coisas acariciando
seu ego
Você escolhe ser burro
Eu não vou escolher ser delicada
enquanto nas costas eu ainda levo o mundo
Tento colocar nos meus textos que no final
vai dar certo e a gente vai conseguir
Mas tem dias que eu só queria não precisar lutar
e ter a opção de desistir
Porque dói não ter esperanças no mundo
Tem dia que Dandara ressuscitaria me dando um tapa na cara
Se soubesse o quanto estou cansada.

Mas já estamos em 2023
E todo dia segue sendo do caçador
A caça que somos nós seguimos procurando como diminuir
a dor
Sem gastar nosso réu primário ou ficar em pavor

Mas meus ouvidos sangram cada vez que escuto
que somos extremistas
Que somos os maiores racistas
Que nossa luta é exagerada e que não se pode mais brincar.

Meus olhos não aguentam mais ver
Nossas crianças tendo ódio da sua genética
e desde cedo vemos elas adoecer
Com as estatísticas de morte de pessoas pretas disparando
Elas deveriam estar brincando
Mas até quando?
Elas vão desaparecer ou morrer
com balas perdidas que só encontram corpos pretos
Cês têm um plano
É um projeto genocida escondido na palavra engano.

Meu nariz odeia sentir o cheiro da chapinha
queimando o coro cabeludo do nosso povo
E isso não é novo
Minha avó sofreu, eu sofro, e minha filha vai sofrer
Com um padrão de beleza que não entra gente preta
Cada comentário ou "piada" preconceituosa
dilacera a nossa autoestima
O trabalho que meu cabelo dá, não é ter que desembaraçar
Isso é fichinha, perto de um:
"Ele é mais bonito molhado" ou
"como você faz pra lavar?"

Minha boca já está cansada de falar
que vocês precisam nos escutar
Por que cada vez que aponto o racismo e sua estrutura,
me chama de extremista?
Assim você vai perder sua carteirinha antirracista
Que só serve pra dar carteirada, em hora errada e não ajuda
em nada.

Meu corpo tá cansado
De apanhar de quem deveria me proteger
A polícia odeia nossos corpos e nem tentam esconder
É a nossa palavra contra a deles, não tem como a gente
vencer
A nossa cara é SEMPRE de bandido
Nossos objetos pessoais SEMPRE parecem armas
E qualquer movimento nosso SEMPRE parece que vamos atacar
SEMPRE somos suspeitos
Então não me peça pra confiar
Eles estão de um lado que meu povo não pode entrar.
Minha mente não aguenta mais arquitetar planos de
mudanças
pra deixar o mundo melhor pra próxima geração
Como que eu vou ser o futuro da nação?
Estamos numa guerra onde só um lado ataca
e a gente só tenta se defender
Não tem muito o que fazer
A estrutura nos engoliu
Meu lado otimista partiu

Mas cês entendem né?
Que tem muito ódio dentro de mim
Ficando sem espaço pra ter paciência com gente ruim
Mas eu não vou desistir
Um dia eu tô cansada, no outro com fé na mudança
Sabendo que o mundo nos deve muito,
e eu tô na linha de frente da cobrança
Mesmo sabendo como isso cansa.
A gente para um tempo, descansa
E volta...
Como "Afrofênix, a fúria negra ressurge"
Estampado na capa do meu primeiro livro
Pra me lembrar sempre de proteger
o nosso corpo-abrigo.

Thiago Peixoto
@poetathiagopeixoto
É geminiano com
ascendente em Libra

Louvo a deusa

Quando seus olhos viram
durante meu passeio
por seus lábios hídricos
com a minha língua sem freio
e suas pernas fecham
com minha cabeça no meio
e sua espinha espasma
em bamboleio
e seu grito voa
sem receio
e minha barba encharca
com o seu recheio

é que eu tenho certeza
que eu realmente creio
é nessa força de deusa
dos meus devaneios

detentora de toda beleza
força e delicadeza
da natureza esplendorosa
que me abençoa sempre
que você goza.

Analfabeto político do século XXI

Como versou Brecht
no início do século XX,
o analfabeto político
é o pior ser que existe.

Até hoje ele ainda não ouve,
porém
não sei bem o que houve,
pois, diferente de antes,
agora ele fala bastante.

É especialista no sonho americano,
se diz contra comunistas bolivarianos
e gayzistas dos direitos humanos,
a alguns passos de cair no abismo,
garante que se estamos aonde estamos
é graças ao capitalismo.

Diferente de antes,
convicto de que não tem participação
alguma na construção do muro
de desigualdade que por casualidade
lhe designa uma vida segura,

participa dos acontecimentos políticos
reivindicando a volta da ditadura.

Ele tem medo da periferia,
os pobres lhe causam azia,
não marcha por panelas vazias,
nem vê a torneira secar,
tampouco a Sé transbordar de gente,
não sabe quem responde pelo quê,
STF, Congresso ou presidente.

Trata-se do mesmo ignorante
que um século antes
se orgulhava e estufava o peito
para proferir seu ódio à política,
porém agora,
como o imbecil que sempre fora,
ataca quem não sente a sua dor de cotovelo
ou simplesmente não quer
ver o barco afundar de verde e amarelo.

Bate o martelo em quem discordar
de pisarem na Constituição.

Não importa a razão,
seu semelhante é o espelho,
veem inimigos em qualquer um
que tenha o sangue vermelho.

Tom Grito
@tomgritopoeta
É taurino com ascendente
em Câncer

Amor é fúria

amor é fúria
e é também calma
a diferença
está na sua segurança
e na pressa
com que se permite
que os desejos do outro
sejam maiores
que o seu cuidado consigo.

amor é parar de olhar pro umbigo
do outro
em troca de perigo.

amor nunca é castigo
nem punição,
não deve ser sacrifício
nem dependência.

amor é coragem e resiliência
e saber lidar com a solidão.

dedicar-se demais ao outro
é deixar-se esvair,

perder semântica
e individualidade,
isso não é amor de verdade.
amor é construção
mas é também reconhecer as implosões
e sair de baixo dos escombros.

o amor não cabe nas sombras
requer luz, cuidado, água,
respiração

conversa, diálogo, DR,
amor só se dá quando não fere,
amor que cura é libertação.

a gente segue nessa busca por afeto,
e tem dias que dói
não ter alguém por perto
mas se perder de si
é também
incompreensão.

ninguém vai preencher a sua metade,
aquele vazio, aquele sintoma de saudade,
só quem cura é arte, poesia e
autoconhecimento.

reconheça seu próprio talento,
seus tempos de carência
e depressão.

anote em que fase da lua
você uiva,
e quando late

e entenda
que nem sempre
o que você precisa é de amor
às vezes,
basta só
um chocolate.

O clamor popular só existe com a organização popular. Há que se ter pernaltas, maestros, regentes pra manter o andamento do bloco.

Na porta de onde se legislam, pessoas dançam livres sobre sua escolha de se ter ou não um carnaval. Há que se ter meia arrastão e bunda de fora pra conseguir limpar a reputação de feministas brancas e esquerdomachos egoicos que pensam que estão salvando o mundo.

Indo bem fundo, há que se ter reconvexo e reconhecimento sobre o próprio talento, quer você queira ou não dinheiro, eu só quero amar, só quero amar, só quero amar e tocar surdo e sambar miudinho e balançar meu leque com o poder de quem sabe que o mundo está em transformação.

A vida é simples, vamos ocupar as ruas e as vitórias de lutas que nos negaram disputar. Nem todo glitter do mundo vai me fazer brilhar tanto quanto a autoestima preservada pode conseguir.

Não se atenha nem se prevaleça de qualquer memória que é melhor que eu esqueça, mas seus papos avançados me fazem acreditar que o futuro é ontem no espelho de Oxum.

Vem olhar comigo o reflexo de suas reflexões e vê que somos bem mais que Narciso, porque nossa beleza vem de dentro do centro do mundo, do mais profundo, minha pequena Eva, numa astronave, voando bem alto.

Vikings, faraós e elfos, todos brancos não representam o tanto de comunidade que um carnaval traz, desde que as relações foram abertas ninguém mais trai e o seu complexo de corno ficou sem sentido num piseiro irritante qualquer.

Vocês se abraçam mas não se beijam enquanto escrevo quieto no meio do bloco que hoje é feliz e canta só porque eu amo você.

Tenho vontade de te chamar pra escrever comigo em dobra esse poema manifesto pra dizer que eu não presto.

A gente foi profundamente numa conversa louca, a gente não só beija, a gente cheira o perfume do futuro no cangote de pessoas que carregam tecnologias ancestrais e misturar futuro e sentido é nosso presente.

Vocês sorriem e se beijam enquanto um menino árvore bate palmas sem seu carinho, amor, sem você. Já não importa quem errou, o que passou, passou, tunguidunguidum...

Lalaialaialaáa ê ô descubro que você já me segue e percebo os sinais que nos rondam. Você conhece pessoas que sei quem são e assim me sinto seguro e danço ao seu lado. Olho pro lado e você me chama ao mundo real, tenho medo de voltar à superfície pra não me tornar superficial.

Te conto uma parte do poema mas acho que faltou um final, volto e escrevo por mais alguns segundos até que as conexões me mostrem onde devo encerrar processos.
A vida é mesmo um progresso e, por mais que eu avance, a minha bunda cresça e eu me lance ao futuro, tem sempre um vão profundo entre o trem e a plataforma. Você não se conforma que eu escreva no meio do seu carnaval, me desculpe, nem me leve a mal, eu só reflito diante de minhas sombras que se apresentam entre as trevas do meu inconsciente que flui enquanto bebo, sorvo, queimo meus fantasmas que eram só um lençol branco com furos nos olhos como mais uma fantasia simples de quem sabe pra onde quer olhar. Eu bato um bolão e me chamam de Clóvis, ou Tom. Grito e canto, de escanteio, não é tão simples administrar a coragem que me aborda o peito e me ancora à margem de um turbilhão.

Já não sei mais parar, "sou rolimã numa ladeira", amanhã é quinta-feira e vou chamar esse poema de TBT só pra fingir que eu não vivi isso tudo ontem mesmo com você.

Tom Grito, 3 de março 2022, 4h52

Victor Rodrigues
@pragadepoeta

É geminiano com ascendente em Sagitário

Poema de amor nosso

salve mano, cê se olha?
se enxerga nos outros,
conhece seu rosto, cê olha no olho?
cê guarda pra dentro ou bota pra fora?
como é que fica quando dói no bolso,
cê fala na cara ou cê fala nas costas?
cê se mostra?
cê faz o que gosta, fica orgulhoso,
fala mais alto, cê é perigoso?
o que faz com o medo quando a luz apaga?
cê fala de amor com as pessoas em volta?

fala mano, cê se nota?
onde é que se esconde?
debaixo da cama, dentro do armário,
atrás de uma arma, em cima do monte?
qual é seu talento, o que te provoca?

escuta mano, cê se importa?
qual teu sentimento diante das coisas?
cê fica nervoso, se controla?
se a vida te cobra cê cospe pra cima?
o que é que te anima depois da derrota?

conta mano, cê se comporta?
dá volta no rabo, conhece seu cheiro,
cê fica ligeiro aos olhos da rua?
conhece a maldade se passa na frente?
escuta o que pensa, fala o que sente,
conhece o respeito?
qual é o seu jeito de ouvir as respostas?
conversa com as mina ou só pensa em bosta?

quando se assusta, o que te conforta?
cê é violento, cê tem seus parceiro?
como é que fala do que te incomoda?
cê tem amigo, tem amiga?
o que é que cê faz quando fica triste?
o que é que te agita e o que é que te esgota?
cê parte pra briga ou resolve no peito?
se for pro debate garante sua cota?

como que fica quando fecha a porta?
fica à vontade, conhece os limites?
quem vai na sua casa, como é quando volta?
quando se frustra, conversa ou se isola?
quando cê não sabe, pergunta ou ignora?
cê se escuta e acha dahora?
o que é que cê sente quando alguém te toca?
conhece sua pele, visita as feridas?
cê conta pros outros do que você gosta?

cê já pensou em tirar sua vida?
já quis se jogar no caminho sem volta?

o que é que cê guarda no seu travesseiro?
se acha bonito, se acha estranho?
cê passa um creme depois do banho?
cê cuida do cabelo, elogia seus mano?
cê vai no médico quantas vezes no ano?
se dorme sozinho, cê tem pesadelo?
cê deixa no gelo ou vai lidando?

se cuida mano, que a gente se importa.
não se encosta que palavra engasgada é doença pra gente.
os menino aí na frente tão querendo atenção
e é só um detalhe pra cair na pressão.
quem te olha e te julga
não sabe do seu coração.
cada um tem seu perdão.
cada qual tem sua luta.

é isso mano, já deu minha hora.
são só três minutos e já vou embora.
escuta o próximo, escuta a próxima.
se pá dá um salve,
se pá a gente chora.
sou só um poeta,
nada além disso.
a palavra é meu compromisso.

mundão é gigante e às vezes se esgota.
se cuida, mano.
quem sabe de si conhece lá fora.

Poesia prática

um cronista suburbano faz seus planos de conquista
tem vontades e cansaços numa mesma lista
quer colher do seu trabalho sem causar maiores danos
mas se necessário tem pavio e gasolina

sua cor não é cinza
tem nas tintas andinas
todo tom que precisa
traz canções campesinas
quando o vento avisa
quando o tempo é brisa
suas notas são vivas

nossos dias pedem tochas
nossas gentes querem pouco
nosso riso mostra dentes de fogo

as águas do meu país bebem ouro
não vejo colares no pescoço das tias

capelas da europa devem almas latinas
demônios vestem capa e trazem frente fria
cometo pecados, não extermínios

confesso, comemoro quando quebram os vidros
o que nos foi tirado já está derretido
um revide custaria o dobro

as mãos lá de fora mandam garimpo
nas fotos de lá o céu sempre é mais limpo
as mãos que sufocam querem se lavar
mas no meio do caminho tem um povo

xingo baixinho os senhores de cartola
faço discos e bombas se for preciso pra agora
esses homens não dão barato o troco
seus relógios são caros, nunca perdem a hora

tenho um peito guarani, ando há anos e anos
veias abertas tanto quanto hermanos

tem caboclos me esperando na mata fechada
se sentir cheiro de chuva
não dá tempo mais pra nada

foi na encruzilhada que aprendi
quem faz dormir
quem que contrata
quem delata
quem vai seguir
quem abre a casa

depois manda você sair
quem tranca a porta
e tem medo da rua ouvir

a cobrança nunca chega

está cansada, atrasada, assustada,
já foi presa
hoje mora na caneta longe da princesa
hoje sai pela garganta
já que foi acesa

a vingança ainda é menos
quero uma vendetta
sem virar a mesa, vou sentar no chão
vou cantar em roda, vou bater cabeça
e, antes que me esqueça, faço essa oração

eu vejo gente todo dia que me dá motivo
nosso sul é nosso norte pois estamos vivos
nessa terra sem dono nós somos os filhos
nossas madres vêm de maio e não toleram mais tiros

temos pão e palavra
que nos deixem em paz
amém não digo mais
nossa festa é na praça

emoção e tática

teimosia e ternura

nossa literatura

poesia prática.

1ª edição 2025

Edição e preparação de textos
Nina Rizzi
Acompanhamento editorial
Helena Guimarães Bittencourt
Revisões
Marise Simões Leal
Sandra Regina de Souza
Produção gráfica
Geraldo Alves
Paginação
Moacir Katsumi Matsusaki
Capa e projeto gráfico
Gisleine Scandiuzzi
Ilustrações
João Pinheiro

Dados Internacionais de Catalogação na Publicação (CIP)
(Câmara Brasileira do Livro, SP, Brasil)

Amor e fúria : slammers que escrevem / organização Mariana Felix – São Paulo : Editora WMF Martins Fontes, 2025.

Vários autores.
ISBN 978-85-469-0611-6

1. Poesia brasileira – Coletâneas I. Felix, Mariana.

24-207336 CDD-B869.108

Índices para catálogo sistemático:
1. Antologia : Poesia : Literatura brasileira B869.108

Cibele Maria Dias – Bibliotecária – CRB-8/9427

Todos os direitos desta edição reservados à
Editora WMF Martins Fontes Ltda.
Rua Prof. Laerte Ramos de Carvalho, 133 01325-030 São Paulo SP Brasil
Tel. (11) 3293-8150 e-mail: info@wmfmartinsfontes.com.br
http://www.wmfmartinsfontes.com.br

Este livro foi composto na fonte Bebas Neue Pro e impresso
pela gráfica Vox, em papel Lux Cream 70 g/m^2, para a
Editora WMF Martins Fontes, em agosto de 2025.